AF397968

Ina Warter

Die heilende
Botschaft
der Bachblüten

novum pro

Bibliografische Information
der Deutschen Nationalbibliothek:

Die Deutsche Nationalbibliothek
verzeichnet diese Publikation in
der Deutschen Nationalbibliografie.
Detaillierte bibliografische Daten
sind im Internet über
http://www.d-nb.de abrufbar.

Alle Rechte der Verbreitung,
auch durch Film, Funk und Fernsehen,
fotomechanische Wiedergabe,
Tonträger, elektronische Datenträger
und auszugsweisen Nachdruck,
sind vorbehalten

Gedruckt in der Europäischen Union
auf umweltfreundlichem, chlor- und
säurefrei gebleichtem Papier.

© 2022 novum Verlag

ISBN 978-3-99131-265-9
Lektorat: Kathrin Skocek
Umschlagfotos: Andrei Radzkou,
Ivandzyuba, Jeremy Brown, Janis Becs,
Artproximo | Dreamstime.com
Umschlaggestaltung, Layout & Satz:
novum Verlag
Autorenfoto: Fotohaus Schuler

www.novumverlag.com

Ich widme dieses Buch Herrn Michael Klopsch, der mir seit 15 Jahren zuverlässig und mit weisem Rat zur Seite steht.
Im Laufe der Zeit sind Sie mir zu einem treuen Gefährten auf meinem Lebensweg geworden.
Ich danke Ihnen vielmals für Ihre Zeit, Ihre Geduld und Ihre ermutigenden Worte.
Danke, dass Sie mich immer darin bestärkt haben, *meinen* Weg zu gehen – dies war und ist ein besonderes Geschenk für mich.
Möge Gott seine schützende Hand über Sie halten und Sie mit einem langen, glücklichen Leben segnen.

Darüber hinaus ist dieses Buch mein Geschenk an *das Leben.*
Nur durch die Erfahrungen und Herausforderungen, die mir das Leben zu meiner Heilwerdung geschickt hat, konnte ich zu der starken Person werden, die ich heute bin, und, göttlich geführt, all die Gaben entdecken, mit denen ich das Leben anderer (Menschen und Tiere) bereichern darf.

Inhaltsverzeichnis

VORWORT 13

1. Die Botschaft des Odermennigs 17
Sei mutig und sei du selbst!

2. Die Botschaft der Zitterpappel 19
Lebe im Bewusstsein des Schutzes durch die
höchste Kraft!

3. Die Botschaft der Rotbuche 21
Übe dich in Toleranz und reiche die Hand!

4. Die Botschaft des Tausendgüldenkrauts . . . 22
Lerne, weise zu geben und zu handeln,
und sei gut zu dir selbst!

5. Die Botschaft des Bleiwurzes 23
Gehe deinen Weg im Glauben an dich selbst!

6. Die Botschaft der Kirschpflaume 24
Bleibe gelassen und handle bewusst aus der
Ruhe heraus!

7. Die Botschaft der Rosskastanie 25
Entdecke offenherzig neue Wege und Talente!

8. Die Botschaft der Wegwarte 26
Gib freimütig und fühle dich dabei selbst beschenkt!

9. Die Botschaft der gemeinen Waldrebe . . . 27
Gestalte deine Welt aus dem richtigen Blickwinkel!

10. Die Botschaft des Holzapfels 28
Lasse dich führen und von innen heraus
reinigen und neu beleben!

11. Die Botschaft der Ulme 29
Lerne, die Last im Vertrauen abzugeben
und erfahre Leichtigkeit!

12. Die Botschaft des bitteren Enzians 30
Handle im Glauben an das Gute
und lasse dich dabei führen!

13. Die Botschaft der Stechginster 32
Sei hoffnungsvoll und erlebe
ungeahnte Möglichkeiten!

14. Die Botschaft der Besenheide 33
Erkenne, dass dir alles gegeben wird
und lebe in Dankbarkeit!

15. Die Botschaft der Stechpalme 34
Lebe die Liebe im Innen und Außen
und erfahre Heil-Sein!

16. Die Botschaft des Jelängerjeliebers 35
Blicke nach vorne und lebe fortan
ohne Begrenzungen!

17. Die Botschaft der Hainbuche 36
Konzentriere dich mit neuem Schwung
auf deine Aufgabe(n)!

**18. Die Botschaft des
drüsentragenden Springkrauts** 37
Vertraue auf die Macht der Zeit
und handle mit Bedacht!

19. Die Botschaft der Lärche 39
Vertraue dir selbst und demonstriere
deine innere Stärke auch im Außen!

**20. Die Botschaft der
gefleckten Gauklerblume** 40
Lasse deine Ängste beiseite und gehe mutig voran!

21. Die Botschaft des Ackersenfs 41
Erfahre Licht und Wärme im Innen
und deine Welt erstrahlt!

22. Die Botschaft der Eiche 42
Lerne, Ruhephasen zu schätzen
und aus der Quelle zu schöpfen!

23. Die Botschaft der Olive 43
Genieße deine Erholung
und finde wieder ganz zu dir!

24. Die Botschaft der Kiefer 44
Erfahre Barmherzigkeit, wirke im Guten
und lebe ein befreites Leben!

25. Die Botschaft der roten Kastanie 45
Bleibe ganz bei dir und lasse den anderen
in Zuversicht frei!

**26. Die Botschaft des
gelben Sonnenröschens** 46
Erfahre Sicherheit und Führung in Gottes Händen!

27. Die Botschaft des Quellwassers 47
Öffne dich für segensreiche Veränderungen
und wage Neues!

**28. Die Botschaft des
einjährigen Knäuels** 48
Vertraue auf deine inneren Impulse
und gehe selbstsicher deinen Weg!

**29. Die Botschaft des
doldigen Milchsterns** 49
Lasse Altes in Dankbarkeit gehen und
blicke Veränderungen mit Leichtigkeit entgegen!

30. Die Botschaft der Edelkastanie 50
Erfahre absolutes Gottvertrauen
und lasse das Neue in Liebe zu dir fließen!

31. Die Botschaft des Eisenkrauts 51
Zügle deinen Tatendrang, ruhe von Zeit zu Zeit
und übe dich in Umsicht!

32. Die Botschaft der Weinrebe 52
Komme in deine Kraft und lebe deine Gaben
und Stärken weise aus!

33. Die Botschaft der Walnuss 54
Vertraue auf die Weisungen deines Herzens
und sei unbeirrbar bei der Entscheidungsfindung!

34. Die Botschaft der Sumpfwasserfeder 55
Öffne dich für deine Mitmenschen
und für echte Nähe!

35. Die Botschaft der weißen Kastanie 56
Bringe deine Gedanken zur Ruhe und gehe
deinen Weg mit Klarheit und Optimismus!

36. Die Botschaft des Hafergrases 57
Erkenne deine Lebensaufgabe
und mache dich auf *deinen* Weg!

37. Die Botschaft der Heckenrose 59
Konzentriere dich intensiv auf die schönen Seiten
und erfreue dich (wieder) deines Lebens!

38. Die Botschaft der gelben Weide 60
Werde dir der höheren Ordnung gewahr und
erkenne dein Potenzial, das dich zur Erfüllung führt!

VORWORT

Liebe Leserin, lieber Leser,

das Buch, das Sie soeben in Ihren Händen halten, will Ihnen ein hilfreicher Begleiter im Alltag sein, Ihnen in jeder Lebenslage Unterstützung bieten und Sie darin bestärken, im Umgang mit allem Leben positive Verhaltensweisen an den Tag zu legen.
Insbesondere vor bzw. in einer Phase großer Veränderungen, die oftmals mit vielen Ängsten und Zweifeln verbunden ist, oder bei der Suche nach Ihrer Lebensaufgabe können Sie einen großen persönlichen Nutzen aus diesem Buch ziehen.
Die darin enthaltenen Botschaften geben tiefe Wahrheiten wieder und führen Sie – sofern Sie die Hilfestellungen gut und konsequent umsetzen – zu innerem Frieden und einem wahrhaftigen Leben voller Freude und Glückseligkeit.

Dank meiner hohen Sensitivität und der Gabe, mit Pflanzen zu kommunizieren, empfing ich über einen Zeitraum von zehn Monaten – einer Umbruchphase, in der ich mich letzten Endes von vielem Belastenden und Begrenzenden lösen durfte – Botschaften von allen der insgesamt 38 Bachblüten.

Der englische Arzt und Philosoph Dr. Edward Bach (1886–1936) fand die einzelnen Blüten nach sechsjähriger Pflanzensuche in Mittelengland und schrieb diesen göttliche Heilkräfte zu. Das von ihm entwickelte

Konzept der Bachblütentherapie wird seit 1981 von Mechthild Scheffer, international renommierte Expertin für Bachblüten, weiter ausgebaut.

Seit jeher bieten die Bachblüten dank ihrer energetischen Wirkung und der einfachen Handhabung beste Hilfe bei der Heilung auf ganzheitlicher Ebene, da sie dem Menschen den Zugang zur inneren Führung (wieder) ermöglichen, sodass dieser eine tiefgreifende Reharmonisierung erfährt und die Selbstheilungskräfte aktiviert werden.

Die einzelnen Bachblüten richten sich in diesem Buch mit einer klaren Botschaft an Sie.
Dabei verstehen diese sich selbst als „heilende Helfer", die Ihnen unterstützend zur Seite stehen und einfache Anleitungen für eine heilsame und segensreiche Lebensführung geben wollen.

Die einfühlsame Zitterpappel vermittelt Ihnen beispielsweise, wie Sie sich von Ihren Ängsten und Befürchtungen lösen können und will Schutz und Stabilität geben. Die Lärche fordert Sie dazu auf, zu Ihren Überzeugungen zu stehen und Ihre Stärken zu leben. Das drüsentragende Springkraut führt Ihnen vor Augen, wie wichtig Geduld ist und dass es sich im Leben lohnt, guten Entwicklungen ihre Zeit zu geben. Die Heckenrose möchte Sie trotz aller negativer Erfahrungen, die Sie in Ihrem Leben gemacht haben, wieder lachen sehen und Ihre Sinne für das Schöne im Leben öffnen. Mit der Hilfe des Hafergrases können Sie zu Ihrer Lebensaufgabe finden und lernen, *Ihren Weg im Vertrauen zu gehen.*

Die Botschaft der jeweiligen Blüte können Sie unterstützend zu Ihrer Bachblütentherapie bei einem Heilpraktiker oder Bachblütenberater lesen; hierdurch kann Ihr Heilprozess um ein Vielfaches verstärkt werden.
Wenn Ihr (Schul-)Kind Bachblüten einnimmt, bietet sich das gemeinsame Lesen der jeweiligen Blütenbotschaft an, im Zuge dessen Sie die Bedeutung der Botschaft genauer erklären und vermitteln.

Natürlich haben Sie im Rahmen einer Selbsttherapie auch die Möglichkeit, lediglich mithilfe dieses Buches die für Sie geeigneten Bachblüten auszuwählen.
Lassen Sie sich einfach von den Unterüberschriften der einzelnen Kapitel ansprechen und lesen Sie dann die ausführlichen Blütenbotschaften!
Wenn Sie das Gefühl haben, dass jetzt genau diese Themen bei Ihnen anstehen, können Sie mittels Ihrer persönlichen Auswahl eine geeignete Bachblütenmischung – bestehend aus maximal sechs Blüten – erstellen.
Daneben gibt es eine noch einfachere Methode, eine passende Bachblüte zu finden: Schließen Sie die Augen, atmen Sie tief durch und kommen Sie in Ihre Mitte! Dann bitten Sie Ihre innere Führung, Ihnen die Blüte zu zeigen, die Ihnen beste Hilfe bieten wird, und schlagen das Buch auf der Seite auf, die sich für Sie „richtig anfühlt"!
Sie werden erstaunt sein, denn Sie „landen" immer genau auf der Buchseite, die die passende Botschaft für Sie enthält!

Wenn Sie zu den Leserinnen und Lesern gehören, die sich allgemein mit Bewusstheit beschäftigen und nach Selbsterkenntnis suchen, erfahren Sie beim Lesen der zahlreichen Blütenbotschaften eine ebenso große Bereicherung.

Damit Sie Ihren Weg im Positiven beschreiten können und in Ihrem Leben Heilung geschehen kann, möchten die Blüten, dass Sie sich für deren liebevolle Heilbotschaften und ihre großen Kräfte öffnen. So können sich segensreiche Veränderungen in Ihrem Leben einstellen, die Sie auf lange Sicht glücklich machen und heil werden lassen – Ihr göttliches Schicksal darf sich erfüllen.

Als Übermittlerin der heilenden Bachblütenbotschaften möchte ich Ihnen nun selbst noch einen Rat mit auf den Weg geben: *Nehmen Sie die einzelnen Weisungen ehrlichen Herzens an, setzen Sie diese nach bestem Wissen und Gewissen um und halten Sie sich für die kleinen und großen Wunder bereit, die sich fortan auch in Ihrem Leben einstellen möchten!*

Ich wünsche Ihnen auf Ihrem weiteren Lebensweg alles erdenklich Gute.

Ihre Ina Warter

1. Die Botschaft des Odermennigs

Gehe nach innen, komme zu dir!
Lasse das facettenreiche Spiel nach außen und gib anderen dein wahres Sein zu erkennen! Nur dies führt dich zu ganzheitlicher Heilung.
Auch deine Ängste und Befürchtungen solltest du klar äußern – dies schafft mehr Nähe zu deinen Mitmenschen und kehrt Zwänge beiseite.

Genieße die Einfachheit und Leichtigkeit, die dir das Leben schenken will. Lebe deinen Frohsinn, aber ohne schlechtes Gewissen und ohne den Druck, ständig etwas leisten zu müssen.

Mutter Natur sorgt für Mensch und Tier und wir Pflanzen tragen unseren Teil dazu bei.
Als Heilpflanze gebe ich dir Kraft, deinen Alltag in Zuversicht zu bewältigen und dich so zu zeigen, wie du wirklich bist.
Arbeite an deiner Ganzwerdung! Ich unterstütze dich dabei.
An Regentagen und auch an sonnigen Tagen gebe ich dir Kraft auf deinem Lebensweg und fördere die Tugenden, die andere an dir schätzen.

Entlasse alles Negative aus deinem Gemüt und konzentriere dich auf die positiven Dinge, die dir das Leben jeden Tag schenkt!
Der innere Wandel führt dich zu deiner Lebensbestimmung und zum Glück.

Habe den Mut, du selbst zu sein
und gehe starken Schrittes voran!
Ich lehre dich Selbsterkenntnis
und fördere deinen Tatendrang in positiver Weise.

2. Die Botschaft der Zitterpappel

Habe keine Angst! Ich bin bei dir. Fühle dich beschützt!

Was immer es auch ist, das dich nachts nicht schlafen lässt und dir furchtbare Angst bereitet, es entspricht nicht der Realität.
Sieh hin: Du bist ein Geschöpf Gottes, das sich in Sicherheit wähnen darf! Gehe deinen Weg voller Kraft und konzentriere dich auf das Hier und Jetzt!

Wenn dich die Erinnerung an Altes plagt – an Schmerz, den du erfahren hast, an Leid, das dir zugefügt wurde –, dann gehe in dich und spüre, dass da eine Kraft ist, die größer ist als alles Schlechte und die dich hält!

Ich helfe dir bei diesem Erkenntnisprozess und dabei, dich für das Leben zu stärken.
Wir Pflanzen geben euch Menschen ebenso wie den Tieren Stabilität und Sicherheit, wenn ihr euch für unsere Heilkräfte öffnet.

Blicke um dich: Das Leben ist schön und die Natur gibt Trost und Hoffnung. Siehst du das Licht, das dich umgibt? Ich möchte dir dafür die Augen öffnen.

Sei aufmerksam und spüre, dass es nichts gibt, das dich von deiner Lebensaufgabe abhalten kann!
Verbinde dich mit meiner Energie! Ich helfe dir Ängste, Minderwertigkeitskomplexe und falsche Befürchtungen auszulöschen, damit du wieder das Gefühl der

inneren Freiheit verspürst, das für deine positive Entwicklung notwendig ist.

**Spüre in dich hinein und sei im Frieden!
Alles ist gut.**

3. Die Botschaft der Rotbuche

Reiche die Hand und willige ein, auch wenn du nicht mit dem einverstanden bist, was andere tun!

Es gibt nicht nur Schwarz und Weiß. Geht aufeinander ein und aufeinander zu! Ihr seid Geschöpfe Gottes und geboren, um in Harmonie zu leben – jeder nach seiner Fasson.

Sei frei von Vorurteilen und offen für die Andersartigkeit deiner Mitmenschen! Jeder ist einzigartig und steht für sich.
Komme zur Ruhe und erkenne das wahre Sein eines jeden Menschen – dies ist ein Garant für ein friedvolles Miteinander!

Es wird sich auch körperlich bemerkbar machen, wenn du dich in Toleranz übst. Spüre das warme Gefühl, das sich in deinem Körper verbreitet und den seelischen Gleichklang, der euch durchs Leben trägt!

Alles ist offen für Wandel und Veränderung, aber ein erster Schritt muss gewagt werden. Dies öffnet die Herzen und macht Wunder möglich.

Sei eins mit der Welt und den Menschen und erfahre ganzheitliche Heilung!

4. Die Botschaft des Tausendgüldenkrauts

Habe Barmherzigkeit mit dir! Sei nicht überstreng!
Dein Perfektionismus und deine Aufopferungsbereit-
schaft stehen dir bei deiner spirituellen Entwicklung
im Weg.
Erkenne das Maß und sei in erster Linie gut zu dir
selbst! Nimm die Geschenke des Lebens dankbar an!
Akzeptiere, dass Gutes auch für dich bestimmt ist und
schöpfe aus dem Vollen!
Gib nur von deiner Fülle – dies macht dich heil! Aber
hüte dich vor Übereifer, vor allem wenn du anderen
hilfst! Nur wer selbst ganz heil ist, ist anderen eine Hilfe.

Gehe mit voller Energie voraus und meistere dein Leben im Einklang mit den Kräften der Natur!
Stärke dich immer wieder in Mutter Natur – sie ist dein
Schutzschild und dein Ruhepol, wenn negative Energien dich zu schwächen versuchen!

Gehe immer wieder in dich und vertraue deiner In-
tuition!
Ich helfe dir dabei, die Entscheidungen zu treffen, die
dich auf lange Sicht glücklich machen.

Lebe und liebe
und koste dabei alles aus,
was dir das Leben zu bieten hat!

5. Die Botschaft des Bleiwurzes

Bleibe ganz bei dir, wenn du große Entscheidungen triffst, und lasse dich nicht von anderen beeinflussen!
Vertraue deiner inneren Stimme und darauf, dass du selbst am besten weißt, was gut und richtig für dich ist; dies kann kein Freund, Vertrauter und auch kein Heiler wissen.
Lerne, zu deinen inneren Überzeugungen zu stehen und diese auch zu leben!
Wankelmütigkeit wird im Leben nie belohnt. Die Belohnungen liegen in Charakterstärke und einem guten Urteilsvermögen, das damit verbunden ist.

Ich stärke dich als Kraftblüte darin, *deinen* Weg zu gehen, auch wenn er einsam ist und du ihn vorerst nicht mit anderen teilen kannst.
Wenn du den Weisungen deiner Seele folgst, bekommst du aus dem ganzen Universum Hilfe. Diese Hilfe ist größer, als es jede menschliche Hilfe je sein könnte.

Bleibe stark und gehe deinen Weg! So findest du Ordnung mitten im Chaos deiner Zeit.
Bleibe dabei ruhig und in deiner Mitte!

Das Glück ist mit denen, die an sich glauben und die sich treu bleiben.

6. Die Botschaft der Kirschpflaume

Als Heilblüte schenke ich dir die Kraft, dein aufgebrachtes Gemüt zu beruhigen.

Werde dir bewusst, dass nicht andere oder eine bestimmte Situation die Macht über dich haben, sondern dass du selbst für deine Gefühle und Handlungen verantwortlich bist!
Mit etwas Übung und regelmäßiger Meditation kannst du lernen, Herr über deine Gefühle und Stimmungen zu werden. So gelingt es dir, in jeder Situation ruhig und souverän zu bleiben und friedvoll deines Weges zu gehen.

Selbst in schlimmsten Notlagen oder Notsituationen biete ich dir die große Hilfe, schnell wieder zu dir zu kommen und einen klaren Kopf zu bewahren, damit du segensreiche Handlungen vollbringen kannst.

Mache dir auch bewusst, dass du niemals allein bist und dass dir stets gute Kräfte aus der lichten Welt zufließen!
Bleibe daher gelassen und gehe deinen Weg offenen Herzens!

Ich schenke dir Ruhe, Gelassenheit und Klarheit, damit du im Guten auf der Erde wandeln kannst.

7. Die Botschaft der Rosskastanie

Sei offen für Lernprozesse und verschließe dich nicht! Das Leben will dich lehren, immer wieder neue Wege zu gehen und verborgene Fähigkeiten und Talente aus dir hervorzuholen.

Traue deiner inneren Stimme und ihren täglichen Weisungen!
Lerne, deine innere Kraft gezielt einzusetzen, um dein Leben zu gestalten und das Leben deiner Mitmenschen in positiver Weise zu beeinflussen.

Entwicklung ist ein natürlicher Vorgang und ein stetiger Prozess, der nicht unterdrückt oder abgewehrt werden darf. Nimm jede Entwicklungschance an und wachse an ihr! Du wirst sehen, dass dein Leben viel leichter wird und du ganz mühelos vorankommst.

Lasse das Anhaften an Altem und Gewohntem! Es blockiert dich nur auf deinem Lebensweg. Die Energien möchten fließen. Das Leben hält viel für dich bereit und deine Entwicklungsprozesse, denen du dich stellst, bereichern dein Leben von allein.

**Nimm alles an, was das Leben dir bietet,
und lasse fließen, was fließen möchte!**

8. Die Botschaft der Wegwarte

Gib deine Liebe an andere weiter, aber ohne dafür etwas zu erwarten!
Du hast so viel zu geben und sollst dies in dem Wissen tun, dass du unserem Schöpfer dienst. Es geht nur um den Akt des Gebens und darum, dir dessen stets bewusst zu sein.
Im Gegenzug erhältst du *vom Leben* immer das, was du benötigst. Auch du bist geliebt und beschenkt. Fühle die Wärme, die dir in der Natur durch die Geschenke des Lebens und durch dich selbst zuteilwird!

Umso mehr du dich öffnest, desto mehr wird dir gegeben. Begegne dem anderen daher nicht mit Argwohn oder Skepsis und bleibe ganz bei dir, wenn du gibst!

Viel Unfrieden entsteht, wenn Menschen sich von ihrer Mitte entfernen und nicht mehr dem Höchsten dienen. Ein friedvoller Geist lebt ganz im Selbstbewusstsein und trägt tagtäglich sein Bestes und alle Liebe in die Welt hinaus.

**Lasse dein Geben grenzenlos sein
und lebe in der Liebe mit allem Leben!**

9. Die Botschaft der gemeinen Waldrebe

Wache auf und gestalte deine Welt so, wie sie dir gefällt! Es bringt nichts, sich in ferne Welten zu flüchten, nur weil die Realität – die Welt, wie *du* sie siehst – nicht lebenswert erscheint.

Ich biete dir meine Hilfe an, damit du dich mit deinen Problemen, die aus dir selbst heraus entstanden sind oder denen, die du mit anderen Personen hast, auseinandersetzen und entscheidende Entwicklungsschritte machen kannst.
Ich verhelfe dir zudem zu Klarheit und originellen Ideen, die dich beglücken und auf deinem Weg voranbringen.

So halte immer wieder inne, wenn du vor selbst geschaffenen Hindernissen stehst! Keine Situation ist aussichtslos und mit des Himmels Hilfe ist alles leichter.

Wende dich mir vertrauensvoll zu und öffne dich für meine Hilfe, damit du alles aus dem richtigen Blickwinkel und mit einer positiven Einstellung betrachten kannst!

**Alles ist leicht und gut mit meiner Hilfe.
Bleibe konzentriert
und handle nach höherem Wissen!**

10. Die Botschaft des Holzapfels

Spüre, dass du ganz tief in dir heil bist!
Auch wenn du momentan etwas aus der Spur gekommen bist und du dich nicht so annehmen kannst, wie du bist, kannst du deine inneren Heilkräfte durch meine Hilfe aktivieren.
Ich reinige deinen Energiekörper von allem Belastenden und Unreinen, damit du dich wieder rundum wohlfühlst.

Ich zeige dir durch meine Heilkraft aber auch, dass du eine innere Ordnung nur herstellen oder aufrechterhalten kannst, wenn du dich *bei allem*, das du tust, von einer höheren Kraft – der Macht des Schicksals – leiten lässt.

Das Innen bedingt das Außen, das Außen das Innen.
Alles sollte in Einklang sein, sodass deine Lebenskraft ungehindert fließen kann.
Lasse daher auch alle egoreichen Anhaftungen los, da dir diese nur schaden!

Atme immer wieder tief durch und spüre die Reinheit deiner Seele, die dich trägt und hält! Lasse deine Seelenenergie fließen und dich damit ausfüllen und du wirst spüren, wie sie dich neu belebt und verjüngt!

**Setze Prioritäten in deinem Leben
und lebe innere wie auch äußere Klarheit
und Reinheit!**

11. Die Botschaft der Ulme

Wenn du das Gefühl hast, dass du deiner Aufgabe nicht gewachsen bist und nicht mehr kannst, dann bringe ich dir als Heilblüte beste Hilfe. Ich stärke dein Vertrauen in dich selbst und gebe dir die Kraft, dich jeder Herausforderung willentlich zu stellen.

Sei dir sicher, dass du *immer* auch nach oben abgeben darfst und dass vieles, aber eben nicht alles in deinen Verantwortungsbereich fällt. Wenn die Last zu schwer wird, so lasse getrost los – die Hilfe unseres Schöpfers wird dir dann zuteil und leitet dich an.
Vertraue dabei auch auf die Menschen, die dir zur Seite gestellt werden.
Letztlich fügt sich immer alles so, wie es sich fügen soll.

Gehe immer wieder in dich und spüre die große Kraft, die durch dich – wie auch durch jedes Lebewesen – fließt! So kommst du auch gut durch herausfordernde Situationen und bleibst bei dir.

**Gib ab, wenn es zu schwer wird,
und mache dich nicht für alles verantwortlich –
so wird es leichter!**

12. Die Botschaft des bitteren Enzians

Warum zweifelst du so oft an dir und an deinen Mitmenschen? Alles ist gut. Du bist behütet und beschützt durch deinen Schöpfer.
Vertraue auf ihn und auf seine unendliche Weisheit und du lernst, dem Leben zu vertrauen!

Es gibt nichts wirklich Schlechtes in deinem Leben – alles, wirklich alles geschieht zu deinem Besten. Selbst traumatische Erfahrungen führen dich deinem Lebensziel entgegen und kräftigen und stärken dich für den nächsten Schritt.
Sei also nicht missmutig und erwarte auch nicht, dass sich Negatives einstellt – weder in deinem Berufs- noch in deinem Beziehungsleben!

Richte deine die Zukunft betreffenden Vorstellungen auf das Positive und nimm jedes Hindernis oder Ärgernis dankbar an! Wenn du in deiner Mitte bleibst und beharrlich deinen Weg gehst, kannst du nur gewinnen. Ich unterstütze dich dabei mit meiner Liebe und Kraft.

Blicke dich um: – Das Leben blüht! Ebenso sollst auch du aufblühen und dein Herz für alles öffnen, das dir in deinem Leben begegnet. Nur so hast du die Möglichkeit zu wachsen und deine Lebensaufgabe zu erfüllen.

Öffne dich und sei optimistisch!
Alles, was du brauchst, wird dir gegeben.

Erweiterte Botschaft:

Ich gebe dir den Glauben an die Menschen zurück und
daran, dass sich alles ohne dein Zutun gut entwickelt.
ALLES und **JEDER** wird vom höchsten Gott geleitet.
Du bist nicht für alles verantwortlich und darfst dich
auch in schweren Situationen oder bei unüberwind-
bar scheinenden Hindernissen zurücknehmen. Unser
Gott macht dir den Weg frei, damit du deinen Weg
gehen kannst. *Alles, was du brauchst, wird dir gegeben.* Manchmal fließt es dir förmlich zu.

Nimm dich zurück und komme zur Ruhe!
Ich stärke deine Glaubenskraft und deine Ausrichtung
auf positive Wendungen. Wenn du meine Unterstützung annimmst, wird es leichter. Bei unumgänglichen
Entscheidungen helfe ich dir, deine innere Stimme
deutlich zu vernehmen und dich „führen zu lassen".

**Sei achtsam und handle nicht unüberlegt
und glaube an das Gute!**

13. Die Botschaft der Stechginster

Du bist umgeben von Licht, mein Kind.
Selbst in den dunklen Lebensphasen, wenn alles hoffnungslos erscheint, umgibt dich das Licht der Hoffnung – du brauchst dich nur dafür zu öffnen und offenen Auges durch den Alltag zu gehen.
Wenn du dich darin übst, wirst du die „Lichtblitze" erkennen, die dir Mut, Kraft und neue Hoffnung geben möchten.

Öffne deine Kanäle auch für die Mitmenschen, die ein großes Licht in sich tragen und verbinde dich mit ihrem Lebensfrohsinn und ihren positiven Schwingungen!

Natürlich gibt es nicht nur Lichtseiten des Lebens, sondern auch Schatten wollen erfahren und durchlebt werden. Aber unser Schöpfer lässt euch niemals allein in euerem Kummer. Er hat uns Pflanzen gesandt, um euch beste Wegweisung zu bieten.
Als Hoffnungsblüte möchte ich dich auf deinem Weg unterstützen und dir ganz neue Möglichkeiten aufzeigen, wie du ein Leben in Fülle und Glück leben kannst.

**Lenke den Blickwinkel
auf die schönen Seiten des Lebens
und genieße die Wärme deiner Mitmenschen
und der Natur!**

14. Die Botschaft der Besenheide

Sieh hin! Es ist alles da, was du brauchst.
Gottes unermessliche Güte lässt dir in jedem Moment das zukommen, das für dich und deine Entwicklung gut und richtig ist. Daher solltest du auch davon ablassen, etwas von deinen Mitmenschen zu fordern.

Auch solltest du davon abkommen, dich und deine Bedürfnisse sowie Probleme ständig in den Mittelpunkt der Aufmerksamkeit zu rücken. Dies ist nicht im Sinne unseres Schöpfers, der jedes Lebewesen als ein eigenständiges Individuum geschaffen hat.

Lerne, in Demut und Dankbarkeit zu leben und dir wird eine solche Liebe und Wärme zuteil, dass du nicht mehr nach Anerkennung und Aufmerksamkeit im Außen gierst!

Ich unterstütze dich als Heilblüte bei der Ganzwerdung und lehre dich, das offenen Herzens und dankbar anzunehmen, was dir das Leben zuteilwerden lässt. So kannst du dich auf innere Entwicklungsprozesse konzentrieren und langsam immer heiler werden. Vergiss nie, dass dir alles in ausreichendem Maße gegeben wird!

Du bist behütet und gut versorgt.
So schöpfe aus der Quelle
mit Dankbarkeit und Freude!

15. Die Botschaft der Stechpalme

Öffne dich für die Liebe und alle guten Gefühle!
Unser Schöpfer hat auch euch Menschen die große
Heilkraft mit auf den Weg gegeben.
Lasse sie durch dich strömen und aus dir herausströ-
men! Du wirst sehen, wie heil deine Welt bzw. dein
Umfeld wird.

Auch alle Ängste und Unsicherheiten, Zweifel, Ärger,
Missgunst und Neid verschwinden wie von allein, wenn
du dich mit meinen Energien und der Heilkraft, die in
dir wohnt, verbindest.

All die Mühensind vergebens. Plage und sorge dich
nicht! Das, was zu dir kommen soll – das, was gut für
dich ist –, es kommt von allein: ohne DEIN Zutun!

Wisse, dass dein Schöpfer einen großen Plan für dich
hat – für jedes Lebewesen. Dieser will sich erfüllen,
dafür sorgt die höchste Kraft.
Alles, was du tun sollst, ist, in Liebe zu leben und zu
handeln und auf deine innere Stimme zu vertrauen.

Es ist ein Leben *in der Stille* und im Frieden mit allen
Geschöpfen, die dir begegnen, das dich erfüllt und
das Glück beschert.

**Lebe, liebe und sei dankbar für alles,
das dir gegeben ist!**

16. Die Botschaft des Jelängerjeliebers

Blicke nicht zu oft zurück!
Die Konzentration auf die Vergangenheit hindert und
blockiert dich auf deinem Weg.
Lasse auch deine Schuldgefühle hinter dir! Du hast es
so gut gemacht, wie du konntest. Jetzt gibt es neue
Chancen und Möglichkeiten, Fehler der Vergangenheit wieder gut zu machen.

Ein erster Schritt ist deine innere Auseinandersetzung
mit bestimmten Themen; dies löst dich von negativen
Anhaftungen und macht dich freier. Dann gehe den
nächsten Schritt und ergreife mutig die neuen Lebens-
chancen, die sich dir bieten!

Dasselbe gilt, wenn du einst zum Opfer gemacht wur-
dest; dies hat im Hier und Jetzt keine Gültigkeit mehr.
Denke nicht an das Leid, das dir einst zugefügt wurde, sondern richte dein Leben ab heute ganz neu aus!
Zerschlage die Begrenzungen, die dir andere und die
du dir später selbst auferlegt hast, und erkenne an,
dass du in deiner Lebensgestaltung ganz frei bist und
dass Fremdbestimmung in deinem Leben keinen Platz
mehr hat!

**Du trägst die Fülle in dir
und du bist von Fülle umgeben.
Nutze deine Chance – heute!**

17. Die Botschaft der Hainbuche

Ich gebe dir Schwung und Elan für den Alltag, damit du alle anstehenden Aufgaben und außergewöhnlichen Projekte bestmöglich umsetzen kannst.

Konzentriere dich nicht auf die Last und den Energieaufwand, sondern lasse die dir innewohnende Kraft frei fließen!
Du bekommst den besten Zugang zu dieser, wenn du dich für Veränderungen öffnest und meine große Hilfe annimmst.
Ganz gleich in welchem Bereich du tätig bist, akzeptiere Neuerungen und große Entwicklungen – diese sind ein natürliches Prinzip!

Du kannst alles leisten und deine Aufgabeerfüllen, wenn du nach Höherem strebst und im Vertrauen darauf lebst, dass alles im Leben gottgegeben und gottgewollt ist.

Gehe voller Kraft voraus in dem Wissen, dass dir durch mich die beste Unterstützung zukommt, denn ich öffne deine Kanäle für die höchsten Energien.

**Wandle durch die Welt,
indem du deine Gaben zum Einsatz bringst
und viel Gutes bewirkst!**

18. Die Botschaft des drüsentragenden Springkrauts

Ich verleihe dir die nötige Ruhe, die du im Prozess des
Wartens benötigst.
Entwicklungen brauchen ein bestimmtes Maß an Zeit
und lassen sich nicht forcieren.

Halte fest an dem, was du dir wünschst und vertraue
auf die Macht der Zeit! Vieles ist vorbestimmt und kann
sich erst erfüllen, wenn bestimmte Faktoren übereinstimmen. Gott arbeitet an jedem Menschen, um ihn
für seine Lebensaufgabe und den richtigen Weg zu
öffnen.
Ich will dich darin unterstützen, den Menschen und
deinem Schicksal zu vertrauen.

Sei ganz entspannt und nimm meine Hilfe an!
Ich nehme dir auch die Angst vor zukünftigen Veränderungen oder vor großen Anstrengungen, die zu
unternehmen sind. In mir findest du Halt und Ruhe.
Konzentriere dich immer wieder auf meine starke Prä-
senz und alles wird leichter!

**Fühle dich geborgen
und lasse dem großen Rad der Zeit seinen Lauf!**

Erweiterte Botschaft:

Erkenne das richtige Maß an Zeit, denn es ist notwendig, um deine Ziele zu erreichen!
Gehe achtsam und bedacht voran und überstürze nichts! In der Zeit liegt viel Wahrheit und so manche Erkenntnis, die durch Hast nicht oder erst viel zu spät erkannt wird.

Lerne, dass die Zeit dein Freund ist und sich eine bestimmte „Wartezeit" immer lohnt! Auch in der Geduld liegt viel Kraft und das Glück auf dieser Welt.

Nähre die Tugend der Geduld!

19. Die Botschaft der Lärche

Warum bist du oft so unsicher? Stehe zu dir und zu deinen Überzeugungen!
Wankelmütigkeit und deine latente Unsicherheit bringen dich im Leben nicht weiter.

Du kannst es dir leisten, stark zu stehen – trotz aller Herausforderungen oder der Mitmenschen, die *versuchen*, dich klein zu machen.
Du hast eine große Lebensaufgabe und auch die Anforderungen, die das Leben an dich stellt, sind „größer" als die der meisten Menschen. Warum? Weil du ein auserwähltes Geschöpf bist, das die Welt bewegen soll – auf deine ganz eigene Weise und mit deinen Gaben und Fähigkeiten.

Lebe deine innere Stärke und deine Strahlkraft nach außen – allein hierdurch ziehen sich alle negativen Energien aus deinem Umfeld zurück. Du brauchst nicht zu kämpfen, denn du hast den Kampf bereits gewonnen – als ein Geschöpf Gottes sind für dich bereits viele Türen geöffnet.

Sei einfach wachsam und beschreite den richtigen Weg! Ich stärke dich in deinem Selbstvertrauen.

Genieße das Leben mit all seinen Facetten und konzentriere dich dabei auf deine Stärken!

20. Die Botschaft der gefleckten Gauklerblume

Warum nur lässt du dich so schnell von deiner Angst leiten und wagst den Schritt nach vorne nicht?
Angst ist keine Realität; sie resultiert lediglich aus deinem Mangel an Vertrauen in dich und die Welt.
Das Leben ist Freude, Liebe und harmonisches Miteinander – und so will die Welt dir durch viele Ereignisse zeigen, dass du all das Positive ausleben sollst, das das Leben bietet.

Natürlich gibt es neben den Sonnenseiten auch Schattenseiten; doch diese wollen und sollen dich nicht beängstigen, sondern dir bewusst machen, dass du dank deiner inneren Stärke alles meistern kannst.

So habe Selbstvertrauen und zeige Mut im Alltag!
Du wirst sehen, wie das Leben dich belohnt, wenn du dich vorwagst und dich mit deinen Stärken und Talenten einbringst.

Lasse auch alle Ängste hinter dir, die von Erfahrungen aus der Vergangenheit resultieren!
Ich helfe dir dabei, den Zugang zu deiner inneren Kraft zu stärken und mit Würde und Selbstbestimmtheit durchs Leben zu gehen.

Habe Vertrauen ins Leben und in deinen Lebensweg und gehe mutigen Schrittes durch die Welt!

21. Die Botschaft des Ackersenfs

Auch wenn um dich herum alles dunkel erscheint, so sei dir gewiss, dass du nicht verlassen bist!
Alle guten Kräfte wirken um dich herum, du musst nur den Zugang zur lichten Welt wiederfinden.

Ich unterstütze dich dabei, dein angst- und sorgenvolles Gemüt zu beruhigen und Zugang zu deinen Seelengründen zu finden. Du hast alles in dir – Wärme, Kraft, Schönheit, Reichtum – und auch ein großes Licht, das dir den Weg weist.

So gehe ganz tief in dich und du wirst es spüren! Wenn du dein inneres Licht erkennst, wird es dich ausfüllen und nach außen strahlen.
Erkenne, dass du die Welt so siehst, wie du sie erschaffst!

Ich helfe dir, deinen Blickwinkel auf die Sonnenseiten des Lebens zu richten und die große Wärme zu spüren, die in dir ist, damit es in deinem Leben nicht mehr dunkel wird.

Fasse Vertrauen und gehe deinen Weg in dem Wissen, dass du gesegnet bist!

Möge dich alles Lichtvolle auf deinem Weg begleiten und stärken!

22. Die Botschaft der Eiche

Du hast so viel bewirkt und geleistet – nun ist es an
der Zeit zu ruhen und deine Kraftreserven energetisch
wieder aufzutanken.
Ich unterstütze dich dabei, dich zu regenerieren und
neue Kräfte zu sammeln, damit du nach einer Ruhe-
phase erneut kraftvoll und stark hinaus ins Leben tre-
ten kannst.

Ich will dich aber auch daran erinnern, dass es nicht
klug ist, *alles* aus eigener Kraft zu bewirken; vielmehr
solltest du dich immer und immer wieder mit der Quelle verbinden und daraus Energie schöpfen.

Das heißt auch, dass es in deiner Verantwortung liegt,
dann und wann abzugeben. Dies ist wichtig, um einer
Krankheitsbildung entgegenzuwirken.
Nur unser Schöpfer hat immerwährende Kräfte, die er
uns allen durch seine Güte zukommen lässt. Wenn du
dich zu sehr auf deine Willenskraft und deine Körper-
kraft versteifst, wirst du am Ende „leer" sein, selbst wenn
dich deine Mitmenschen als große Kraftquelle sehen.

Besinne dich daher auf meine Heilkräfte, die ich dir
gerne zur Hilfe schicke, damit du den Ausgleich findest, der so wichtig ist!

**Wandle und wirke nicht nach deinem Kräftemaß,
sondern schöpfe aus der Quelle,
die dich nährt und hält – dann wird es leicht!**

23. Die Botschaft der Olive

Komme wieder ganz zu dir!
Was auch immer es ist, das du hinter dir hast und das
dir Kummer bereitet oder Leid und Sorge verursacht
hat, will nun gehen.
Es gibt keine Sonne ohne Schatten, aber deine Lei-
denszeit will und darf nun zu Ende gehen.

Ich helfe dir, wieder voll in deine Kraft zu kommen –
körperlich wie auch geistig. Verbinde dich mit mir und
vertraue dich meinen Heilkräften an!
Ich bringe dir Ruhe, Kraft und Erholung auf allen Ebe-
nen.

Unser Schöpfer hat mich als die höchste Blüte auser-
wählt, um euch Menschen Kraft zu spenden und so-
mit auch den Lebensmut zurückzugeben.
Lasse vergangenes Unglück und kräftezehrende Situationen hinter dir!

Nun wird es leichter und dein innerer Genesungs-
und Heilungsprozess wird mit meiner Unterstützung
angeregt.
Fühle dich leicht, befreit und spüre, wie alle Kraft in
jede Pore deines Körpers fließt!
Meine Heilkraft stärkt und belebt dich, damit du wieder in deine Ganzheit findest.

**Tritt kraftvoll hinaus in die Welt
und feiere das Leben!**

24. Die Botschaft der Kiefer

Ganz gleich, was auch geschehen ist – ob dir in der Vergangenheit Leid zugefügt wurde oder ob du selbst Leid zugefügt hast –, nun ist es an der Zeit zu verzeihen. Erkenne an, dass du ein Geschöpf Gottes bist und nur Gutes verdient hast! Unser Schöpfer ist verzeihend und barmherzig.

Mache dir bewusst, dass dir jeder Tag die Möglichkeit bietet, neu anzufangen und ein besseres Leben zu führen – ein Leben in Achtung vor allem Leben und in Selbstachtung.

Als Kraftblüte weise ich dir den Weg in eine positive Richtung und stärke deine Geradlinigkeit und Aufrichtigkeit.

Lass nun alles Alte hinter dir und bringe dein angespanntes Gemüt zur Ruhe und in den Ausgleich!
Tue Gutes und hilf anderen, wo auch immer du kannst!
Auch dies fördert deine innere Heilung.

Ich helfe dir zudem, deine Schuldgefühle abzuwerfen wie ein Baum seine Blätter im Herbst und schenke dir ein Gefühl der Befreiung.

**Atme tief durch
und spüre angesichts deines neuen Lebensgefühls
die Leichtigkeit des Seins!**

25. Die Botschaft der roten Kastanie

Bleibe ganz bei dir und sei dir stets gewiss, dass für andere Lebewesen ebenso gut gesorgt wird wie für dich selbst!

Gib die Verantwortung etwas weiter aus der Hand – sie liegt voll und ganz in Gottes Hand.
Jeder Mensch hat die Aufgabe für die Nächsten, mit denen er eng verbunden ist, Sorge zu tragen, aber nur im rechten Maß.
Übertreibe deine Fürsorge nicht! Sie nimmt anderen Lebewesen den Raum zum Atmen und sich selbst – aus eigener Kraft heraus – weiterzuentwickeln. Konzentriere dich auf deine Weiterentwicklung und lasse frei!

Der höhere Wille erfüllt sich stets und jedes Lebewesen hat seinen eigenen Lebensplan. Nichts im Universum, absolut nichts, geschieht ohne einen höheren Sinn, da wir alle miteinander verbunden sind.

Ich unterstütze dich beim Loslassen und stärke deine Zuversicht.

**Feiere das Leben mit deinen Lieben,
indem du ganz bei dir bleibst!**

26. Die Botschaft des gelben Sonnenröschens

Wovor hast du so schreckliche Angst? Besinne dich und nimm dir Zeit, zur Ruhe zu kommen!
Dein Schöpfer ist immer bei dir und schütztdich vor jeder Gefahr. Er hat mich gesandt, dir im Zustand schlimmster Not zu helfen und dir neue Hoffnung zu schenken.

Viele Ängste haben nur den einen Grund: Sie wollen dich deinem Schöpfer näherbringen, damit du dich ganz in seine Hände fallen lässt.
Was es auch ist, das dich so aus der Fassung bringt: – Vertraue dich ihm an und lasse dich führen!

Ich helfe dir, wieder zu dir zu kommen und in deine Mitte zu finden, damit du die Situation realistisch und in Ruhe überblicken kannst.
So bist du gestärkt und findest neuen Mut.

Gib auch Acht auf deine Gedanken, damit sie dich nicht ins Negative ziehen!

Alles ist gut,
wenn du Gott an deine Seite lässt
und ihm größtes Vertrauen schenkst.

27. Die Botschaft des Quellwassers

Sei so beweglich wie das Leben und tanze von einem
Ort zum anderen!
Sei offen für alles, das dir eine Veränderung bietet!
Halte nicht starrsinnig an etwas fest, vor allem nicht
an einem Lebensgerüst, das nicht deinem höchsten
Wohl entspricht!

Lausche immer wieder in dich hinein und vertraue
auf die Weisungen deiner Seele! Sie führt dich an die
Orte, an denen du aufblühen kannst.
Wandle mit der Zeit und ihren Gegebenheiten! Das
Leben gibt dir immer wieder neue Möglichkeiten, dich
zu er-finden und zu dem zu führen, das deiner wahren
Natur entspricht (zu dem, das du wirklich bist).

Nimm meine Kraft und Unterstützung liebevoll an und
lasse dich tragen!
Ich verleihe dir den Mut und die Kraft, Neues zu wa-
gen und dein Leben neu zu erschaffen, insbesondere nach Phasen großer Entbehrungen.

**Ich stütze dich und schenke dir Flexibilität,
damit du das Gute annehmen und leben kannst.**

28. Die Botschaft des einjährigen Knäuels

Sei dir sicher in dem, was du tust!
Das Leben bietet so viele Wahlmöglichkeiten und du musst fast täglich im Großen wie im Kleinen Entscheidungen treffen.

Ich unterstütze dich dabei, die jeweils richtige Entscheidung zu treffen und dann entschieden deinen Weg zu gehen.
Auch in Zeiten innerer Aufruhr profitierst du von meiner Hilfe. Ich stärke und stütze dich, sodass du in den Ausgleich kommst und innere Sicherheit gewinnst.

Lasse jeden Zweifel und jede Unsicherheit!
Ganz tief in dir kennst du jede Lösung und jede richtige Wahlmöglichkeit, die dich im Leben weiterbringt und deinem höchsten Ziel näherbringt.
Mit meiner Hilfe findest du Zugang zu deinem tiefen Seelenwissen und kannst deinen Weg sicher gehen.

**Gewinne Standhaftigkeit
und bleibe deinen inneren Impulsen
auch im Außen treu!**

29. Die Botschaft des doldigen Milchsterns

Komme zu dir! Alles ist vorbei.
Du hast Schreckliches erlebt, aber du kannst und darfst
nun aufatmen.
Gehe in dich und nimm die belebende Frische wahr,
die durch dich strömt – ich unterstütze dich dabei!

Konzentriere dich nicht auf die Schreckenserlebnisse
und Erschütterungen! Lasse auch die Erinnerung daran los! Dein Neubeginn steht kurz bevor.
Gehe mit der Welle des Lebens und lasse dich von
ihr davontragen!

Alles Alte geht nun und das Neue spendet Trost.
Nimm es bereitwillig an und gehe zuversichtlich nach
vorne – in dem Wissen, dass auch alles Schlechte und
Negative einen höheren Sinn hatte, um dich zu stärken und dich zu dir selbst zu führen!

Nun wird es leichter und dein Leben wird durch meine Unterstützung heiter und losgelöst.

**Vertraue auf die Macht der Zeit und
auf Veränderungen, die Positives mit sich bringen!**

30. Die Botschaft der Edelkastanie

Du hast viel gekämpft und an dir gearbeitet. Nun ist die Zeit der Erlösung von allem Leid und Schmerz gekommen.
Du darfst dich nun ganz in die Hände des Allmächtigen fallen lassen und abgeben – nun geschieht der höchste Wille, der nur Gutes und Schönes in dein Leben bringt.
Deine Belohnung für die harte Vergangenheit kommt jetzt.

Öffne deine Hände und nimm alles freudvoll an!
Sei dir in *jedem* Moment bewusst, dass sich nun alles zu deinem höchsten Besten entwickelt und lasse fließen, was zu dir kommen möchte!

Hinterfrage nicht und gib den Kampf auf!
Gott zeigt sich in deinem Leben auf unverkennbare Weise – Wunder können geschehen.

Habe keine Angst vor großen Veränderungen und lasse Vergangenes ruhen!

Ich helfe dir, dein *neues* Leben liebevoll zu umarmen.

**Gehe in Demut, aber ganz in dem Wissen,
dass du vom Höchsten geleitet wirst!**

31. Die Botschaft des Eisenkrauts

Bei allem Eifer, den du an den Tag legst, erkenne das rechte Maß und übertreibe nicht!
Es ist eine große Energie, die dir zufließt.
Doch halte immer wieder inne und sei bedacht angesichts dessen, was du anderen davon zuteilwerden lässt! Nicht jeder kann deine Begeisterung teilen oder verstehen. So verschwendest du unnötig die höchste Energie, die du benötigst, um deine Aufgaben und Projekte voranzutreiben.

Ich will dich lehren, dass auch in der Ruhe viel schöpferische Kraft liegt. So halte inne!

Vergiss bitte auch nie, dass es darauf ankommt, mit welchen Menschen du deine Pläne und Vorhaben teilst! Nicht jeder ist empfänglich für große Taten und zukunftsreiche Unternehmungen.
Sei also wählerisch, was deine engsten Vertrauten betrifft, wenn du eine Sache voranbringen willst!

Denke auch immer daran, Ruhepausen einzulegen – trotz deines schier unbändigen Tatendrangs! Ich stärke dich und helfe dir, die Balance zu halten.

Sei umsichtig und setze deine Energie gezielt ein, um deine Ziele zu erreichen!

32. Die Botschaft der Weinrebe

Bleibe bei dir! Konzentriere dich auf dich und deine Stärken (und Schwächen) und genieße deinen Entwicklungsprozess, der dich zu mehr Ganzheit führt!

Die geistige Welt arbeitet für dich.
Nimm jeden weisen Rat der geistigen Helfer an und lerne, deiner inneren Stimme zu vertrauen!

Hüte dich davor, mit Egoismus und Machtallüren durchs Leben zu gehen! Dies schwächt dich und du kannst deinen Seelenplan weder finden noch erfüllen.
Du trägst viel tiefes Wissen und eine große Kraft in dir – sei weise darin, deine Gaben mit anderen zu teilen! Du bekamst deine Gaben, damit du anderen Geschöpfen hilfst und nicht damit du (im Geiste) über sie dominierst.
Lasse Klugheit und Einsicht deine Begleiter sein – sie führen dich zu einem harmonischen und erfüllten Leben!

Wenn du dich im Alltag ohnmächtig fühlst und denkst, du seist deinen Mitmenschen nicht gewachsen, so werde dir bewusst, dass du ein Geschöpf Gottes bist und dass du einen großen Reichtum in dir trägst. Es lohnt sich, nach innen zu gehen und aus deinem inneren Kraftquell zu schöpfen.

Bleibe nicht passiv! Nutze jede Chance, die sich dir bietet, um ein Leben in Erfüllung und Zufriedenheit zu erschaffen!

Du darfst dir gewiss sein, dass alle negativen Energien im Außen Hindernisse darstellen, die es zu überwinden gilt, damit du dein Lebensziel erreichst.

**Stehe stark und habe Zuversicht –
deine Gaben sind ein Gottesgeschenk
und können Großes bewirken!**

33. Die Botschaft der Walnuss

Höre auf dein Herz und lasse dich von ihm leiten!
Wenn du ganz bei dir bist und dich führen lässt, kannst
du deinen Weg *nie* verfehlen und bleibst ihm immer
treu. Du weißt selbst am besten, was gut und richtig
für dich ist.
Also habe auch den *Mut* und das *Vertrauen*, die Entscheidungen zu treffen, die es dir ermöglichen, ein
wahrhaftiges Leben zu führen!
Du bist Schöpfer deines Lebens und du hast **alles**
in der Hand, wenn du nur deinen ganz persönlichen
Weg gehst.

Zeige der Welt, welche Gaben und Fähigkeiten du
hast und tritt kraftvoll voran!
Lasse deinem Geist freien Lauf und erschaffe dein Leben und alles Neue so, wie du es dir wünschst und
ersehnst!
Lasse dich von nichts und niemandem entmutigen,
sondern bringe all deine Beharrlichkeit zutage!
Wenn du zielsicher und unbeirrbar voranschreitest,
kann dich **nichts** aufhalten.

**Gott stärkt und stützt dich auf deinem Weg,
wenn du nur an dich selbst glaubst.**

34. Die Botschaft der Sumpfwasserfeder

Finde einen Zugang zum Herzen deiner Mitmenschen,
auch wenn du lieber allein sein würdest!
In diesem Moment geht es nur darum, dass du deine
Aufgabe erfüllst und Gott dienst. Du bist ein Segen
für andere und weißt, ihnen mit deinen Worten bestmöglich zu helfen.

Verschließe dich nicht vor der Außenwelt! Bringe dich
offenen Herzens bei Begegnungen und in Gesprächen
ein – deine Offenheit und Herzensgüte kommen tau-
sendfach auf dich zurück!
Dabei solltest du auch andere einen Zugang zu dir
finden lassen.
Durch echte Nähe wird dein Leben ungemein be-
reichert und die Wärme und Verbundenheit, die du
spürst, bringen dich im Leben viel schneller voran als
deine selbst gewählte Isoliertheit.
Beseitige alle Grenzen und verbinde dich auch mit
Nachbarn, Freunden und Bekannten! So wird dein Alltag leichter und du wirst optimistisch und beschwingt.
Baue also deine Skepsis und alle Ängste ab und lasse
dich vom Höchsten führen!

**Ich unterstütze dich bei deiner Seelenverbindung
mit anderen und helfe dir,
dich zu öffnen und offen zu bleiben.**

35. Die Botschaft der weißen Kastanie

Lasse dich durch nichts und niemanden aus deiner Mitte bringen – nicht durch Ereignisse und nicht durch das, was andere dir sagen oder wie sie sich dir gegenüber verhalten!

Fühle die Stille, die in dir ist, wenn du ganz du selbst bist und deine Gedanken ausschaltest!
Am besten gelingt dir das in meditativem Zustand; in diesen kannst du dich auch bei einem Spaziergang versetzen.
Alles ist ganz leicht. Setze dich durch nichts unter Druck!

Wenn du deine innere Stimme und ihre Weisungen vernimmst, so fühle dich gestärkt und zweifle diese nicht an! Niemand außer dir weiß, was für dich am besten ist. Sei klar in dem, was du fühlst und tust und alle Segnungen werden dir zuteil!

Richte deine Gedankenkraft auf die Dinge, die dir Freude bereiten, und auf die Ziele, die du dir gesetzt hast! Wenn sie mit denen deines höheren Selbst übereinstimmen, wird ein Stolperstein nach dem anderen aus deinem Leben geräumt. Du brauchst dich nicht zu sorgen. Negatives Denken hindert und blockiert dich und ist nicht im Sinne deines höheren Selbst.

Lenke deinen Blick und deine Gedanken auf das Schöne und lasse dich nicht beirren, auf *deinem* Weg voranzuschreiten!

36. Die Botschaft des Hafergrases

Ich helfe dir zu erkennen, worin *dein* Sinn des Lebens hier auf der Erde besteht.
Vertraue dich meiner Heilkraft an und ich führe dich zielstrebig deiner Lebensaufgabe und deinem höheren Ziel entgegen!
Ganz tief in dir findest du die Antworten auf all deine Fragen. Deine innere Weisheit ist es allein, die dich in die Ganzheit führen kann.

Scheue daher auch keine großen Veränderungen und Umbrüche, wenn du mit meiner Hilfe deine innere Stimme laut vernimmst!
Lasse das Alte friedvoll hinter dir und gehe deiner Berufung entgegen – du wirst sehen, wie leicht dein Leben wird!

Ich fordere dich aber auch dazu auf, Vertrauen in dich selbst und das Leben zu haben, damit du deinen Weg gehen und deine Aufgabe zufriedenstellend erfüllen kannst. Jeder Mensch hat hier auf Erden eine ganz besondere Mission, die es zu leben gilt.
Nur wer wahrhaftig lebt, erfährt das wahre Glück.

Zögere nicht, wenn du deiner inneren Stimme gelauscht hast und gehe schnurstracks deinem Ziel entgegen!
Lasse dich von nichts und niemandem aufhalten! Die Zeit ist so kostbar und dein treuer Diener.
In Windeseile kannst du selbst Großes erreichen und so die Welt im Großen wie im Kleinen bereichern.

**Höre auf dein Herz
und erfülle deine Aufgabe mit Freude
und in Demut vor allem Leben!**

37. Die Botschaft der Heckenrose

Warum lachst du nicht mehr? Sieh dich um!
Die Welt ist so schön und es gibt jeden Tag einen
Grund, heiter und fröhlich durchs Leben zu gehen.

Du bist so traurig und hast resigniert, weil du dir negative Erfahrungen und schreckliche Erlebnisse in der
Vergangenheit immer wieder vor Augen hältst. Warum tust du das?

Lasse die Anhaftungen und die Konzentration auf Negatives ganz bewusst sein!
Lebe dein Leben mit Optimismus und Freude! Allein
dieser Vorsatz bricht deinen seelischen Panzer auf.

Ich unterstütze dich dabei, wieder in den Lebensfluss
zu kommen und dich deinen positiven Gefühlen nä-
herzubringen.

Blicke freudig nach vorne und tue einen Schritt nach
dem anderen!
So gelangst du an dein Lebensziel und in die Fülle.

**Spüre den Frohsinn,
den dein Schöpfer in die Welt gelegt hat,
und sauge das Leben intensiv ein!**

38. Die Botschaft der gelben Weide

Ich helfe dir zu verstehen und zu beherzigen, dass alles, was geschieht – auch in deinem Leben – einer höheren Ordnung unterliegt.
Daher solltest du auch niemals etwas erzwingen, sondern **immer** geschehen lassen.
Setze aktiv Dinge in Gang und lasse dann geschehen!
Das Gute wird von allein zu dir geführt. Du brauchst nichts zu tun.

Auch wenn dir Negatives widerfährt oder widerfahren ist, so nicht, um dich zu schwächen oder zu entmutigen.
Im Gegenteil: Der höchste Wille wurde dir zuteil, um dich für deine Zukunft und deine Lebensaufgabe zu stärken.
In diesem Wissen höre auf zu hadern oder zu grollen!
Du kannst heil werden und dann auch andere heil werden lassen, wenn du dieses Wissen in dir trägst und an andere weitergibst.

Breche mit allem Alten, das dich begrenzt und zurückhält!
Ich verleihe dir dann das notwendige Selbstvertrauen und viel Kraft, um deinen Weg kraftvoll zu meistern.

Du trägst so viele Gaben und Talente in dir, mit denen du dein Leben und das anderer bereichern kannst.
Ich helfe dir, diese Talente und Gaben zu entdecken und zu leben.

Gehe ins volle Vertrauen und mache dich auf den Weg –
er kann sehr bedeutsam werden, wenn *du* es zulässt.

**Alles ist da und alles ist gegeben.
Lebe dein Potenzial voll aus
und du gelangst zur Erfüllung!**

Die Autorin

Ina Warter, geboren 1977 in Bad Mergentheim, unterstützt und fördert seit ihrem Magisterabschluss im Jahr 2007 als Sprachlehrerin mit großem Engagement Kinder und Jugendliche auf ihrer schulischen Laufbahn. Seit 2010 arbeitet sie als Tierkommunikatorin, (Tier-)Heilerin und energetische Bachblütenberaterin.

Ab dem 19. Lebensjahr begann Ina Warter mit dem Schreiben von Gedichten. Während ihrer Tätigkeit als Web-Autorin, der sie von 2016 bis 2020 nachging, erstellte sie vorwiegend Texte zu Tierschutz, veganer Ernährung und spirituellen Themen wie Krafttieren und -blüten. 2018 entdeckte die hochsensitive Frau ihre außergewöhnliche Gabe, mit Pflanzen zu kommunizieren, die es ihr ermöglichte, „Die heilende Botschaft der Bachblüten" zu verfassen.

Für die vegan lebende Autorin, die in ihrer Freizeit Meditation und Achtsamkeitsyoga ausübt, ist es eine Herzensangelegenheit, geretteten Tieren ein schönes Zuhause zu bieten.